PÉTITION

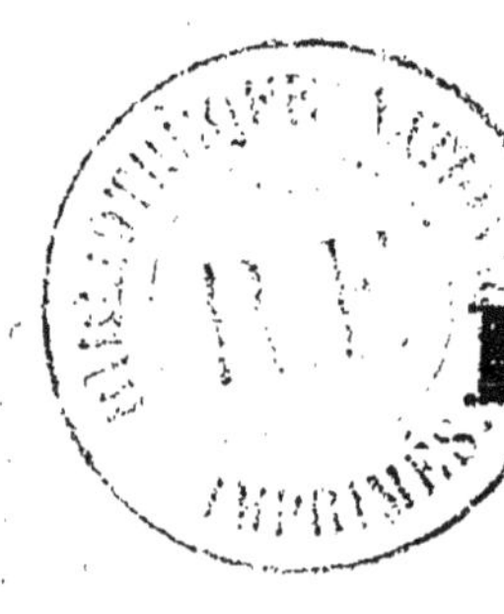

A

LA CHAMBRE DES DÉPUTÉS.

PÉTITION

A

LA CHAMBRE DES DÉPUTÉS,

SUR LE RÉGIME INTÉRIEUR

DES ESCLAVES

AUX ANTILLES FRANÇAISES,

AVEC

LA DEMANDE D'UNE AUTORITÉ SPÉCIALE ET PROTECTRICE, CHARGÉE DE SURVEILLER L'EXÉCUTION DES LOIS ET DES ORDONNANCES EN VIGUEUR, CONCERNANT LA NOURRITURE, LES TRAVAUX ET TRAITEMENS DES NÈGRES ESCLAVES.

PAR

LE MARQUIS DE SAINTE-CROIX,

Membre de plusieurs Académies, et Auteur de la Statistique de la Martinique, etc.

PARIS,

IMPRIMERIE DE EOTTIN DE SAINT-GERMAIN,
RUE DE NAZARETH, N.º 1.

—

1829.

PÉTITION

A

LA CHAMBRE DES DÉPUTÉS.

MESSIEURS,

Le régime intérieur des Habitations aux Colonies Françaises des Antilles, altéré dans ses plus salutaires dispositions envers les Esclaves, mérite de fixer particulièrement votre attention; une classe composée de plus de deux cent mille individus, cultivateurs, et soumis aux lois de l'esclavage, courbés sous la volonté absolue de leurs maîtres, et dont les réglemens qui servaient à les protéger, sont tombés en désuétude; vous conjurent de vouloir bien, en les faisant remettre en vigueur, vous occuper du sort malheureux qu'ils éprouvent et de faire régler à l'avenir d'une manière précise et uniforme, les devoirs qu'ils ont à remplir envers leurs maîtres, et les obligations des maîtres envers eux, de façon à préserver leur pénible existence, de l'arbitraire dont ils sont les infortunées victimes.

Les propriétaires des habitations aux Antilles, au mépris de la sagesse des ordonnances du Code Noir qui régissent les Colonies en matière d'esclavage, semblent les avoir totalement oubliées, pour les remplacer par leur propre volonté ; ainsi autant d'habitation, autant de système différent d'administration, autant de manières diverses de traiter les Esclaves, de les nourrir, vétir, etc. ; de là naissent, Messieurs, ces incertitudes, ce découragement et ces plaintes de la classe souffrante des Esclaves, qui, d'après le système colonial existant, arriveraient difficilement jusqu'à vous, Messieurs, sans le droit de pétition.

La non exécution du Code Noir, et le peu de surveillance qui a existé de la part des délégués du Gouvernement, sur les habitations, ont fait naître des désordres tellement graves, que les tribunaux coloniaux, toujours indulgens lorsqu'il s'agit de l'inexécution des lois sur le régime intérieur, en ce qui concerne les Esclaves, et composé dans le temps en grande partie de Créoles, ont rendu des arrêts peu propres à rassurer l'esclave

sur son sort, et à préserver son avenir des persé-
cutions qui peuvent être exercées contre lui.

Il est du devoir des honorables membres qui
composent la Chambre des Députés, après avoir
pris connaissance de l'état des choses, d'intervenir
auprès du Gouvernement, pour faire cesser un tel
scandale ; afin de ramener les Antilles au bon
ordre, en y faisant uniformément exécuter les
Ordonnances par les délégués du pouvoir, et
dont ils n'auraient jamais dû s'écarter.

Je ne viens pas ici, honorables Députés, récla-
mer votre bienveillance pour de nouvelles théories
subversives du droit de propriété ; ce que je viens
vous demander avec instance, c'est de seconder
mon zèle auprès du Gouvernement, pour obtenir
la stricte et littérale exécution du Code Noir pour
les Esclaves ; surtout en ce qui concerne la nourriture et les traitemens, avec des garanties suffisantes,
de la part des autorités que la France envoye aux
Antilles , pour assurer le régne de la loi sur
toutes les propriétés coloniales ; que ce régime
légal soit substitué à celui *du bon-vouloir* qui
tourmente les Esclaves ; que l'exécution du régime
intérieur soit confiée à une autorité spéciale qui,
sous sa responsabilité , en surveille l'exécution.

Je suis fort éloigné, et telle n'est pas ma pensée,

d'inculper en rien les bonnes et généreuses inten-
tions de S. Ex. le Ministre actuel de la Marine
et des Colonies, je n'ignore aucune des difficultés
qu'il a eues à surmonter pour le bien qu'il a déjà
fait, difficultés qui n'ont point ralenti son zèle ; et
en applaudissant à tant de sages dispositions éma-
nées de son ministère, je n'en demande pas moins
le complément, en désirant qu'il voulût bien jeter
les yeux sur le sort des Esclaves, qui se trouvera très
amélioré, lorsque des lois existantes feront place
aux nombreux abus qui se sont introduits sur le
régime des habitations, abus auxquels il est nécessaire de remédier, sous peine de compromettre le
repos et la prospérité des Antilles Françaises.

Depuis 14 ans que la France possède la Charte
comme bâse de ses institutions, les promesses de
l'article 73 semblent oubliées aux Antilles. Des
commissions, créées soit aux Colonies, soit en
France, n'ont amené à aucun résultat, pour ce qui
intéresse la classe des Esclaves ; les idées de toute
innovation dans le système intérieur Colonial,
(idées qui ont été adoptées dans les Colonies An-
glaises des Antilles, dont nos Colonies ne sont
séparées que par de courtes distances), ont été
repoussées par les propriétaires coloniaux, comme
subversives de l'ordre de choses existant. Si, tout

en cherchant à s'éloigner des améliorations que le tems réclame, ils s'étaient attachés à conserver les sages dispositions du Code Noir qui les régit, en le suivant à la lettre, ils auraient, par ce seul fait, ôté tout prétexte au malaise général, et à l'état d'inquiétude, où vivent les Esclaves ; ils pourraient attendre, que l'art. 73, qui leur promet des lois et réglemens particuliers, puisse enfin recevoir son exécution.

En attendant que la Charte ait tardivement réalisé ses promesses, les Antilles se trouvent soumises, pour tout ce qui concerne le régime intérieur des habitations, à l'Édit de 1685, (appelé le Code Noir).

Cet Édit, fruit des méditations de Colbert, a toujours été considéré comme un monument d'humanité et de justice qui devait être maintenu ; toutes les Ordonnances rendues depuis, en ont recommandé la stricte exécution ; cependant aujourd'hui les habitans des Antilles, loin de s'y conformer, se dispensent de donner aux Esclaves la nourriture et les vêtemens qui leur sont dûs d'après ladite Ordonnance, en échange de leur travail, et les maîtres agissent ainsi, par ce qu'aucune autorité n'est spécialement chargée de veiller

particulièrement à l'exécution de si sages dispositions.

Il est cependant, Messieurs, en matière d'esclavage, un fait qui moins que jamais peut-être
contesté, c'est que le maître, ne peut et ne doit
être reconnu propriétaire d'Esclaves par le Gouvernement, qu'autant qu'il remplit envers ces
derniers toutes les obligations qui lui sont impo-
sées par les lois; c'est-à-dire, traitemens humains,
et nourriture reconnue suffisante, en échange du
travail que l'on réclame de ses forces.

Mais si l'Esclave est livré sans surveillance à
l'autorité sans bornes de son maître, si on lui
refuse le prix que les lois ont mis à ses labeurs,
si, fatigué de ses plaintes réitérées, le maître s'arme
de son autorité pour repousser ses justes deman-
des, alors, Messieurs, naîtront entre le maître
et l'Esclave ce *tot servi*, *tot hostes*, qu'il est du
devoir du Gouvernement de prévenir.

Les Romains, qui nous ont légué en grande
partie leurs principes et leurs lois sur l'esclavage,
avaient reconnu tous les malheurs attachés à la
condition d'esclave, ils en avaient adouci les
effets, en rendant leurs possesseurs l'objet d'une
grande et active surveillance de la part du Gouvernement; arrivés devant les Juges, ils étaient égaux

aux yeux de la loi, d'après cet axiôme, *in servorum conditione nulla est differencia*, axiôme que nous sommes fort éloignés d'avoir adopté aux Colonies.

Pour que les honorables Députés puissent juger avec connaissance de cause la justice des réclamations que je fais pour les Esclaves, et n'être pas taxé d'exagération dans mon récit, il est nécessaire de placer d'abord sous leurs yeux, l'emploi de la journée du travail, que les Colons exigent de leurs Esclaves; ensuite, le texte du Code Noir relativement à la nourriture, aux vêtemens, que les Ordonnances indiquent comme devant être donnés aux Nègres esclaves, sans que le maître puisse s'en dispenser : je signalerai à chaque article les infractions qui en font partie; il est tout simple que, lorsque les Colonies viennent demander le monopole des sucres, les Esclaves réclament ce que les lois leur accordent.

En général, les possesseurs d'esclaves qui on des habitations, quel que soit le genre d'industrie, exigent de leurs Esclaves onze heures de travail sur vingt-quatre. Ce travail est ainsi réparti de la pointe du jour, six heures du matin, (les jours étant sous les tropiques à peu de chose près égaux aux nuits); à midi, cinq heures et demie; parce qu'on donne une demi heure de tems aux esclaves pour déjeuner sur le terrain où ils se trouvent, ordinairement de huit heures à huit heures et demie du matin. Les esclaves reviennent du travail à midi, ils y rentrent à deux heures et n'en sortent qu'à la nuit close; ils ne peuvent pas être chez eux avant sept heures et demie au plutôt.

Il faut joindre à ce travail de la houe pendant onze heures, celui que réclament les sucreries pendant la nuit; par la raison que dans ce genre de manufacture il faut joindre la culture à la fabrication, ce qui entraîne une grande quantité de main-d'œuvre; forcent ceux qui y sont attachés, à des travaux bien plus considérables et bien plus fatiguans, que dans les autres genres de travaux coloniaux.

Les femmes ne sont pas exemptes du travail, excepté lorsque leur grossesse est assez avancée pour être apparente, après avoir cultivé le champ de cannes à sucre pendant le jour comme les hommes, elles rentrent pendant la nuit aux travaux très-fatiguans des moulins, par quart, ainsi que tous les individus des deux sexes qui composent l'atelier.

Ainsi il est incontestable, que malgré les travaux de nuit, qui s'exécutent ordinairement par quart d'atelier, les Nègres on bien peu de repos dans les momens de roulaisons (1) ; et je puis le certifier avec d'autant plus de raisons, que les récoltes ne peuvent être enlevées dans une grande partie des Antilles, que dans l'espace de quelques mois, tems où les esclaves, quel que puisse être leur nombre, sont continuellement employés.

Vous pouvez êtres assurés, Messieurs, d'après ce que je viens d'avoir l'honneur de vous exposer, que les esclaves des habitations où ils sont assez nombreux pour former trois quarts, travaillent dans les habitations sucrières au moins quinze heures par jour une partie de l'année, et que dans celles où les Nègres sont moins nombreux, le travail, qui est le même pour toutes les manufactures à sucre, augmente d'une manière effrayante et en proportion de la diminution des bras.

L'article vingt-deux de l'Edit de 1685 établit d'une manière très-positive, la nourriture que les nègres esclaves doivent recevoir de leurs maîtres par semaine: En voici le texte.

Art. 22. *Seront tenus les maîtres de fournir par chaque semaine à leurs esclaves âgés de dix ans et*

---

(1) Terme employé dans les Colonies lorsqu'on fabrique le sucre.

au-dessus pour leur nourriture deux pots et demie mesure du pays de farine de magnioc, ou trois cassaves pesant deux livres et demie chacune au moins, ou choses équivalentes, avec deux livres de bœuf salé, ou trois livres de poisson, ou autre chose à proportion ; et aux enfans, depuis qu'ils sont sevrés jusqu'à l'âge de dix ans, la moitié des vivres ci-dessus.

Art. 23. *Leur défendons de donner aux esclaves, de l'eau-de-vie de cannes guildent, pour tenir lieu de la subsistance mentionnée au présent article.*

Malgré les termes précis de l'Ordonnance que je viens de citer, les habitans des Colonies sont loin de se conformer au texte, comme je l'ai fait remarquer ; chaque possesseur d'habitation a une manière différente de l'interprêter, ceux qui se rapprochent le plus de l'Ordonnance précitée, se contentent de donner trois livres de morue salée par semaine à leurs nègres, et de fournir un repas, lorsque les esclaves sont obligés de passer la nuit au moulin : d'autres maîtres sont beaucoup moins généreux et se bornent à ne donner que deux livres de morue par semaine pour toute nourriture, et même moins ; mais, en remplacement, on donne à l'esclave une portion de terre ou de jardin à cultiver, et dont il a la récolte, pour le dédommager dans ses momens peu nombreux de repos.

Mais, ce qui paraîtra sans doute plus extraordinaire, c'est que, plus les habitations sont rapprochées des villes où séjournent les autorités surveillantes et les tribunaux, moins le vœu de l'Ordonnance se trouve rempli; les esclaves devant trouver, à ce que prétendent les maîtres, la plus grande facilité à gagner la nourriture dont on les frustre, en sus du travail qu'on réclame de leurs bras.

Cependant quelques propriétaires ayant senti que ce tems (environ cinq quarts d'heures par jour, de midi et demie à deux heures moins un quart) et ce peu de terre à mettre en culture étaient loin d'être satisfaisans, au mépris du texte de l'article 24, que je vais citer, accordent à leurs esclaves, en remplacement de la nourriture qu'ils leur doivent, une journée, ordinairement celle du samedi; d'autres un demi samedi pour qu'ils puissent pourvoir à tous leurs besoins.

Art. 24. *Leur défendons pareillement de se décharger de la nourriture et subsistance de leurs esclaves, en leur permettant de travailler certains jours de là semaine pour leur compte particulier.*

Je n'aurai certes pas besoin de beaucoup d'éloquence pour faire sentir combien de désordres et de misères doit entraîner un semblable état de choses ; les pertes énormes que doit nécessairement produire un systême aussi déplorable, et qu'il est tems de faire cesser, en ramenant les propriétaires coloniaux à l'esprit des réglemens.

Les vêtemens prescrits par l'article 25 sont aussi livrés avec déficit, lorsque le propriétaire veut bien en donner ; au lieu de deux rechanges, de toile d'une bonté et d'une force régulières , les esclaves reçoivent quatre aunes de toile d'emballage fort claire , et qui au bout de peu de jours sont hors de service.

Art. 25. *Seront tenus les maîtres de fournir à chaque esclave, par chacun an, deux habits de toile ou quatre aunes de toile au gré desdits maîtres.*

L'Article 26, qui semble être le complément des dispositions qui ont précédé, s'exprime ainsi.

Art. 26. *Les esclaves qui ne seront point nourris, vêtus et entretenus par leurs maîtres, selon que nous l'avons ordonné par ces présentes, pourront en donner avis à notre procureur (1) et mettre leurs mémoires*

---

(1) Général ou aux Officiers des Justices inférieures. (Art. XX de l'Édit de 1724).

entre ses mains, sur lesquels, et même d'office si les avis lui en viennent d'ailleurs, les maîtres seront poursuivis à sa requête et sans frais, ce que nous voulons être observé, pour les crimes et les traitemens barbares et inhumains des maîtres envers leurs esclaves.

Cet article, tout plein d'humaine bienveillance pour les Esclaves, puisqu'ils auraient l'espérance d'obtenir justice des mauvais traitemens qu'on pourrait exercer contre eux, est devenu tout à fait impraticable ; 1°. aucun Esclave ou du moins très-peu savent écrire sur les habitations ; 2°. personne dans les paroisses intérieures n'oserait rédiger un mémoire pour être remis au Procureur du Roi, contre un propriétaire ; 3°. en supposant même que le mémoire soit remis et l'enquête commencée, il faudrait en revenir aux autorités locales intérieures, aux commissaires des paroisses, qui eux-mêmes sont possesseurs d'habitations et d'esclaves : d'ailleurs, Messieurs, il n'y a pas très-longtems que la justice des Colonies était toute composée de Créoles propriétaires, et même que les Procureurs Généraux près des Cours Royales étaient aussi Colons : étant juges et parties il leur aurait été difficile dans une cause semblable de porter une décision capable de rassurer la classe des Esclaves.

Les Tribunaux des Colonies ont trouvé aux Antilles un excellent moyen de paralyser les effets de l'article 26., en exhumant de l'arsenal des lois Coloniales , un Edit de 1738, qui défend aux Tribunaux d'entendre les Esclaves comme témoins contre leurs maîtres , même à titre de renseignemens.

Les jugemens rendus par la Cour Royale de la Martinique, le 3 septembre 1828 , dans l'affaire de Madame Marlet (1) ; et celui en la Cour Royale

____

(1) Madame Marlet était accusée ; 1.º de contraventions aux Ordonnances relatives à la nourriture et à l'entretien des Esclaves par leurs maîtres ; 2.º d'avoir excédé les bornes de son pouvoir, en faisant infliger à ses Esclaves , notamment à la nommée Firmine , des châtimens cruels ; 3.º d'avoir, par sa mauvaise administration et en privant ses Esclaves de tout ce que les lois leur accorde , et qui est indispensable à leur existence, été la cause première de leurs vols chez leurs voisins, de leurs fréquens marronnages, enfin de tous les désordres auxquels ils se sont livrés ; et 4.º d'avoir occasionné la mort du nommé Remy, son esclave, en lui faisant infliger un châtiment tel qu'il n'a vécu que deux heures.

Tous ces faits, qui n'ont pu être prouvés à la Cour Royale que par des Esclaves que la loi rejette selon l'Édit de 1738, et par la notoriété publique , ont été punis de la Guadeloupe, du 12 septembre 1827, dans l'affaire Sommabert (1) me dispenseront d'entrer dans des détails, pour prouver la réalité des faits que je pourrais avancer relativement aux traitémens.

En cherchant dans le Code de la Martinique, espèce de chaos de législation, on trouve aussi des Ordonnances favorables à la situation des

---

de trois années de bannissement des Colonies Françaises, l'incapacité de posséder des Esclaves, avec défense de simmiscer dans la gestion des habitations.

(*Gazette des Tribunaux du 11 décembre 1828.*)

(1) Rivière Sommabert, était accusé; 1.º d'avoir commis un meurtre, en tuant de deux coups de fusil le nègre Jean–Charles devant son Économe; 2.º d'avoir fait périr au milieu des tortures la négresse esclave Mélie; 3.º de laisser mourir de faim dans un cachot et enchaîné, après l'avoir horriblement fustigé, le nègre Jean-Philippe : tous ses Esclaves.

Le tribunal de première Instance avait condamné Sommabert à la peine capitale; ce Jugement arrivé devant les Juges de la Cour Royale fut cassé par un vice de forme et renvoyé devant les Juges de la Pointe-à-Pitre, le tout en se conformant à l'édit de 1738, qui défend d'entendre les Esclaves contre leur maître.

(*Gazette des Tribunaux, du 11 décembre 1827*).

Nègres esclaves; on en trouve une, celle du 15 octobre 1786, tome 3, qui défend à toutes personnes ayant des Esclaves, de leur infliger plus de vingt-neuf coups de fouet ; elle recommande de livrer le délinquant à la justice avec les preuves des délits, pour tous les cas qui exigeraient une plus forte punition : cette Ordonnance, qui limite ainsi les droits des propriétaires et de leurs gérans, semble par son oubli avoir subi le sort du code entier relativement aux droits des Esclaves.

Vous sentirez, Messieurs, toute l'importance de changer, ou au moins de mitiger l'Edit de 1738, relatif aux témoignages. Que les Esclaves ne puissent pas servir de témoins contre leur propre maître et qu'ils soient considérés comme personnes à gages, cela peut-être un bien ; mais que pour les personnes qui leur sont étrangères, ils soyent entendus et qu'ils puissent servir de témoins à charge et à décharge, rien n'est plus naturel et plus légal.

Messieurs, après vous avoir fait connaître la triste position où sont placés les Esclaves des Antilles Françaises, j'appellerai de nouveau votre attention sur le commerce infâme de la traite, qui a été continuée avec le plus effrayant scandale.

Quel triste tableau pour les amis de l'humanité

de voir la traite alimenter nos Antilles d'Esclaves, sous les yeux des autorités chargées d'empêcher leur introduction ! tandis que d'un autre côté on aperçoit ces esclaves, introduits en fraude, appeler à leur secours les lois qui doivent protéger leur existence et qui deviennent impuissantes, même pour assûrer leur nourriture en récompense de leurs utiles travaux. Il faut espérer, Messieurs, qu'avec votre aide un pareil scandale ne se renouvellera pas et que la massue du pouvoir sera remise, aux Colonies, dans des mains assez fortes et assez puissantes, pour faire respecter les décisions que la métropole a adoptées à cet égard.

Messieurs, après vous avoir exposé, avec la plus grande vérité et impartialité, les maux qu'endure la classe nombreuse des Esclaves soumis au régime intérieur des Colonies des Antilles ; après vour avoir démontré jusqu'à l'évidence que les lois n'étaient point exécutées à leur égard, il me reste à vous indiquer les moyens qui doivent mettre un terme à tant de souffrances.

Ces moyens existent, Messieurs, dans les lois anciennes et nouvelles qui régissent aujourd'hui les Colonies ; ils consistent, 1°. à faire exécuter l'Ordonnance de 1685 à la lettre, et d'en faire surveiller la stricte exécution par une autorité spéciale, dans chaque Colonie, qui n'aurait à s'occuper que de la tenue des habitations et du régime des esclaves, jusqu'au moment où l'article 73, qui promet *des lois et des réglémens particuliers* aux Colonies, recevrait son exécution et viendrait remplir les lacunes que laissent les nouvelles Ordonnances, qui, dans la législation coloniale, n'ont point encore parlé du régime intérieur en ce qui touche de plus près l'existence des cultivateurs esclaves ; la nourriture et le travail.

2°. Il est indispensable, après avoir établi la plus exacte surveillance, de rendre les propriétaires d'habitations responsables de toute introduction frauduleuse de nègres, qui d'abord serait non seulement confisquée par le gouvernement, mais qui donnerait lieu à une forte amende, déposée dans les caisses de l'état, qui ferait face aux frais de nourriture et d'entretien à la charge du Gouvernement.

3°. Rapporter l'édit de 1738, qui empêche les Esclaves de pouvoir en aucun cas servir de témoins contre les maîtres, et dont vous avez vu l'usage dans des arrêts recens, et le modifier par une Ordonnance nouvelle, en ce sens : que les Esclaves ne pourront jamais servir de témoins contre leur propre maître, comme gens à gages et salariés par eux ; mais qu'ils pourront en servir pour tout autre ; ce qui rentre dans l'article du Code relatif aux témoignages.

4°. Créer dans chaque Colonie une autorité spéciale, chargée, sous sa responsabilité, de la répression de la traite et de surveiller l'introduction des Esclaves ainsi que l'exécution des Ordonnances du Code Noir.

Les Anglais, qui ont adopté pour leurs vastes colonies des Antilles des idées, qui plus tard viendront à prévaloir dans les nôtres, ont bien senti la résistance qui serait opposée à l'exécution des lois sur la traite et sur tout ce qui concerne le régime des esclaves introduits nouvellement ; aussi ont-ils créé un pouvoir spécial pour répondre de la stricte exécution de ces lois, et auquel ils ont donné le nom de *Register*. Toute son occupation est de veiller à ce qu'il ne soit introduit aucun nouvel esclave dans la colonie où il exerce son pouvoir, de visiter les habitations, de confronter les dénombremens, de passer la revue des esclaves, d'écouter leurs motifs de plainte, et de traduire les délinquans d'office aux délégués de la justice, sous la surveillance du Gouverneur, et d'intervenir en tout comme tuteur des Esclaves.

Parmi les autorités que le Gouvernement du Roi de France a introduites aux Colonies il en est une qui devrait être chargée des indispensables fonctions du *Register*, c'est l'autorité connue sous le nom de Directeur de l'intérieur, dont les travaux, aujourd'hui assez insignifians, seraient plus convenablement appliqués à surveiller comme le *Register* l'exécution des Ordonnances, en ce qui peut concerner l'introduction des esclaves sur les habitations, et à voir si les lois et réglemens établis pour la nourriture et les traitemens sont exécutés fidèlement ; il serait occupé à préserver surtout les esclaves des travaux excessifs que l'intérêt des maitres serait dans le cas de leur demander.

Il inspecterait les dénombremens, qu'il signerait, de concert avec le propriétaire ou son représentant ; les actes de naissance et de mortalité seraient appuyés au dénombrement d'un certificat légal signé du Curé de la paroisse ou de la personne qui le remplace, et les mutations n'auraient lieu, en fait d'introduction d'esclaves, qu'autant que le directeur de l'intérieur y aurait consenti ; consentement qui ne serait accordé à aucun négre de traite, frauduleusement introduit.

Messieurs, en mettant sous vos yeux les imperfections du régime qui pèse si cruellement sur les Esclaves, par l'oubli des Ordonnances qui les protègent, nous n'avons point cherché le scandale dans nos réflexions, qui auraient pu être moins mesurées; nous aurions pu vous prouver, par l'immense quantité de documens qui nous sont parvenus dans ces derniers tems, que la traite, malgré les lois qui la défendent, a été le sujet d'un lucre exhorbitant et inconcevable, et que les Ordonnances du Code Noir ne sont point exécutées envers les Esclaves. Mais, en remplissant un devoir sacré, celui de vous instruire de l'infraction aux lois, il nous eut été pénible d'aller plus loin; nous avons pensé qu'il appartenait à votre généreuse intervention de rassurer la classe nombreuse des esclaves aux Antilles contre l'arbitraire que l'on peut exercer contre eux, en les privant des avantages que les réglemens leur accordent; ce n'est donc pas pour des concessions que je viens demander l'appui de votre autorité tutélaire, c'est le règne des lois que j'invoque pour une classe infortunée: votre sollicitude, si souvent réclamée, a déjà fait sentir son heureuse influence sur les individus condamnés par les tribunaux.

La France a vivement applaudi aux généreuses et humaines dispositions prises sur l'état des prisons, le sort des bagnés considérablement amélio-

ré , ont rencontré aussi dans notre patrie des êtres
assez bienfaisants pour tendre une main secourable
à de si grandes infortunes ; vous avez fait plus ,
en applaudissant aux secours généreux accordés
aux Grecs , arrachés au fer des Musulmans ;
dans cette répartition de bienfaits, les Esclaves de
nos colonies ont seuls été oubliés ; ce sont des
sujets Français qui vous supplient d'alléger les
chaînes que les lois les condamnent à porter ;
vous ne pouvez y être insensibles.

Quel que soit, Messieurs, le sort réservé à la
demande que je mets sous vos yeux en faveur
des Esclaves de nos possessions des Antilles, vous
ne saurez pas moins distin uer à travers les cla-
meurs que l'intérêt colonial élevera sans doute à
de si justes réclamations , le véritable état des
choses ; votre humanité ira audevant de ce qu'il
est utile d'accorder aux Esclaves des Colonies des
Antilles ; vous demanderez avec moi, que tout système de contravention à vos décrets soit remplacé
par *un régime légal,* vous seconderez, je n'en doute
nullement, mes efforts auprès du Gouvernement du
Roi, pour avoir une autorité responsable de l'exécution des lois sur le régime intérieur et sur le
trafic inhumain de la traite ; alors disparaîtront
ces supercheries administratives et politiques , en-

fantées par le machiavélisme des gouvernemens faibles , ces dénégations publiques confondues au pied de votre tribune , où vient expirer tout ce qui n'est pas la vérité... Il est tems enfin que vous soyez assurés qu'aucune fraude n'existe dans le régime établi aux Colonies.

C'est ainsi , Messieurs , que nous arriverons par de notables améliorations dans le système colonial , à faire disparaître du sol des Antilles Françaises ces scènes affligeantes pour l'humanité, ces tableaux véritablement effrayans que les Colonies Françaises ont présentés dans ces derniers tems ; c'est ainsi que les sujets Français de toutes les couleurs , dans toutes nos possessions , légalement protégés , participeront aux bienfaits que l'auteur de la Charte nous a octroyés dans son immortel ouvrage.

Je supplie les Membres de la chambre des Députés de vouloir bien intervenir auprès du Gouvernement de S. M., et particulièrement auprès de S. E. le Ministre de la marine et des Colonies, dans les intérêts généraux et particuliers des Antilles françaises , aux fins suivantes.

1°. L'Édit de 1685 appelé Code-Noir sera dorénavant exécuté ponctuellement , sous une autorité chargée d'en surveiller particulièrement l'exécution , principalement en ce qui concerne , les articles 22, 23 , et 24 relatifs à la nourriture à donner aux esclaves ; 25 concernant les vêtemens, 26 relatif à la répression à exercer, en justice , par les maîtres qui n'auraient pas nourri leurs esclaves selon les ordonnances précitées ; ou qui auraient exercé envers eux des châtimens inhumains.

2°. Sont aussi maintenues, pour être exécutées, selon leurs forme et teneur, sous la responsabilité de l'autorité préposée à la surveillance particulière des habitations, les dispositions réglementaires insérées dans le Code de la Martinique, sous la date du 15 octobre 1786, Tome 3.

3°. L'Édit de 1738, qui empêche les Esclaves de pouvoir être entendus en témoignage, en justice, contre les blancs, propriétaires et autres, sera modifié en ce sens, que les Esclaves ne pourront servir de témoins contre leur propre maître *seulement* ; ce qui rentre tout à fait dans les dispositions du Code relatives aux domestiques et gens à gages.

4°. Le Directeur de chaque Colonie, sera , à l'exemple du *Register* et sous sa responsabilité particulière, chargé de surveiller l'exécution de toutes les Ordonnances rendues , et particulièrement des articles 22 , 23 , 24 , 25 , et 26 du Code-Noir relatifs aux Esclaves ; il s'occupera spéciale-ment de leurs plaintes , comme tuteur , relati-vement à la tenue et au bon ordre des habitations ; et poursuivra par devant les Tribunaux et d'office ceux qui s'en écarteraient.

5°. Les Directeurs de l'intérieur s'occuperont spécialement des moyens répressifs de la traite ; ils empêcheront toutes introductions de négres étrangers des Colonies sur les habitations , et les droits de mutations seront prouvés et auto-risés par eux : une correspondance aura lieu à cet effet avec le Directeur-général des Colonies à Paris où seront transmises toutes les mutations.

6°. Les Directeurs de l'intérieur seront tenus de faire , au moins une fois l'an , la tournée des habitations dans chacune des Colonies , pour constater la liste des négres inscrits sur les dénom-bremens de chaque habitation , qui devront être arrêtés doubles ainsi qu'il est d'usage.

Une tournée sera également faite , à l'effet de vérifier la justesse des dénombremens, par les substituts des Procureurs du Roi près les Tri-bunaux de première instance , chacun dans son arrondissement ; ils correspondront avec les Directeurs de l'intérieur pour les infractions aux lois qu'ils auraient pu découvrir.

7°. Les dénombremens que les Directeurs de l'intérieur arrêteront contiendront exactement, la liste des négres existans, avec leur âge, leurs infirmités, les naissances et les mortalités.

Les actes de naissance seront à l'appui du dénombrement déposé dans les mains des Directeurs de l'intérieur, ils seront signés du Curé de la paroisse ou de toute autre personne remplissant les fontions de l'état civil.

Les actes mortuaires seront aussi placés à l'appui des dénombremens, et signés du Curé qui en tiendra registre ainsi que des actes de naissance.

8°. Toute introduction de nègres sur les habitations, sans autorisation spéciale et par écrit du Directeur de l'intérieur annexée au dénombrement, sera punie, selon le cas, par les tribunaux, et le nègre remis au Gouvernement.

9°. Tous gérans, économes ou autres employés sur les habitations aux Antilles, et toutes personnes chargées de conduire des esclaves, et de la direction de leurs travaux, autres que les propriétaires présens, qui déjà sont responsables aux yeux des lois de l'exécution des ordonnances, seront tenus, avant d'exercer leur état sur lesdites habitations, de prêter serment entre les mains du Directeur de l'intérieur de la Colonie, qu'ils se conformeront aux ordonnances existantes, (dont il leur sera donné lecture par l'autorité) envers les Esclaves ; ils ne pourront être reçus chez le propriétaire pour y entrer en fonction, que muni de ce certificat du Directeur de l'intérieur, qui sera annexé au dénombrement et rappelé sur tous les autres.

10°. La gestion des habitations sera interdite aux mineurs, quand même ils seraient émancipés, et aux femmes quand même elles jouiraient de eur droit de propriété.

11°. Les Directeurs de l'intérieur des Colonies traduiront d'office, par dénonciation au Procureur général de la Colonie, et celui-ci aux tribunaux, toutes les personnes en contravention au Code-Noir ainsi qu'aux Ordonnances sur la traite, dont ils pourraient avoir connaissance, et tous les individus, de toutes les couleurs, dont les méfaits pourraient être légalement constatés.

30